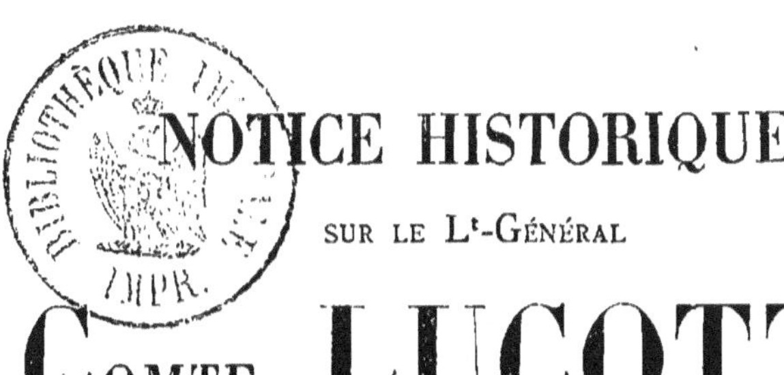

NOTICE HISTORIQUE

SUR LE Lt-GÉNÉRAL

COMTE LUCOTTE

MARQUIS DE SOPRETANO, GRAND D'ESPAGNE DE 1re CLASSE

Commandeur de l'Ordre Impérial de la Légion-d'Honneur,
Commandeur de l'Ordre Royal des Deux-Siciles,
Chevalier des Ordres de Saint-Louis et de la Réunion.

NOTICE HISTORIQUE

SUR LE Lt-Général

Comte LUCOTTE

MARQUIS DE SOPRETANO, GRAND D'ESPAGNE DE 1re CLASSE

Commandeur de l'Ordre Impérial de la Légion-d'Honneur,
Commandeur de l'Ordre Royal des Deux-Siciles,
Chevalier des Ordres de Saint-Louis et de la Réunion,

D'après des Notes inédites recueillies et mises en ordre

Par Jules-Alexis LUCOTTE

ÉPERNAY

IMPRIMERIE NOEL-BOUCART, RUE DES FUSILIERS, 32

1866

EDME-AIMÉ LUCOTTE naquit à Créancey (Côte-d'Or) le 30 octobre 1770 ; il descendait d'une ancienne famille bourgeoise originaire de la Bourgogne, dont la généalogie remonte, sans interruption aucune, jusqu'à Émiland, le premier connu, né à Panthier en 1400, et dont les descendants, jusqu'en 1750, sont tous qualifiés d'*honorables* dans les registres de l'état civil. Je trouve dans l'*Histoire de Bourgogne*, tome II, page 89, cité comme très-savant antiquaire, Jean-Bénigne LUCOTTE, seigneur de Tillot, qui eut un fils qui devint, en 1823, chanoine à l'archevêché de Paris.

Edme était l'aîné de neuf garçons ; son père l'envoya au collége de Dijon, où il fit de fortes études, puisqu'à l'âge de 18 ans, il fut chargé de professer la langue latine et la poésie, d'abord dans la maison d'éducation dirigée par M. Bizouard, puis ensuite au collége même de Dijon, de 1791 au mois de Juillet 1793, époque à laquelle il courut à la défense de sa patrie alors en guerre avec toutes les puissances du continent. Ayant embrassé avec chaleur les principes qui amenèrent la Révolution, le jeune Lucotte s'enrôla le 23 juillet dans le 8ᵉ bataillon de la Côte-d'Or, où il devint sergent le lendemain même de son entrée au corps ; il obtint le grade de sergent-major le 3 brumaire an II, et celui de lieutenant quartier-maître le 15 du même mois.

L'armée du Rhin ayant éprouvé quelques revers dans l'automne de 1793, une division de l'armée des Alpes, dont le corps du lieutenant Lucotte faisait partie, lui fut envoyée ; et bientôt, avec ce renfort, elle reprit possession, contre les Austro-Prussiens, des passages des Vosges et de la rive gauche du Rhin. Dans les marches pénibles à travers les Alpes, au milieu d'un hiver rigoureux, Lucotte eut les mains gelées ; la bravoure qu'il montra dans les différents combats de la campagne de 1794 lui valut successivement le grade de capitaine le 15 thermidor (2 août 1794), et celui de chef de bataillon le 7 brumaire an III

(28 octobre même année). Dans la fin de 1794 et dans les six premiers mois de 1795, il reste attaché à l'armée du Rhin et se signale de nouveau dans tous les combats qui précèdent et accompagnent le passage du fleuve, par une intrépidité et un courage qui ne se démentirent jamais, et lui méritent, dès le 29 juin 1795, d'être promu au grade de chef de brigade (colonel).

Rentré en France, couvert de nombreuses et honorables blessures, il fut appelé au commandement de la 60ᵉ demi-brigade (devenue 12ᵉ de ligne), à Lyon. Là, Lucotte sut se faire chérir, par le bon ordre qu'il concourut à rétablir, lors des troubles qui se manifestèrent dans cette ville en 1796, par sa modération constante, par la protection qu'il accorda aux victimes des discordes civiles qui ensanglantèrent cette malheureuse cité ; c'est pendant ces troubles qu'il refusa énergiquement de commander le feu sur les Lyonnais révoltés contre les commissaires de la Convention nationale ; ce refus, que le Directoire considéra comme de la faiblesse, joint à l'énergie avec laquelle il défendit le général de Montchoisy, fit suspendre de ses fonctions, le 24 messidor an IV, le chef de brigade Lucotte (*) ; mais treize jours après, il fut réintégré dans son grade et placé à la tête de la 18ᵉ demi-brigade d'infanterie légère, division Masséna, sous les ordres du général Bonaparte. Là, il prit part à toutes les batailles où s'illustra cette division, notamment à Roveredo, Arcole, Rivoli, puis enfin au passage des Alpes et à la marche sur Vienne (1796-1797). Nommé commandant de la 7ᵉ demi-brigade en avril 1797, il reçut l'ordre, après la campagne d'Italie, de se rendre à Marseille, où il encourut encore la disgrâce du Directoire exécutif, qui le destitua le 18 messidor an VI, pour avoir pris courageusement la défense de malheureux accusés qu'on voulait sacrifier : d'abord M. de Tilly, condamné comme émigré et qui n'avait pas quitté l'armée, ensuite un marin nommé Laure, dénoncé comme chef d'un attroupement de compagnons de Jéhu, qui, en l'an III, égorgèrent des prisonniers détenus pour opinions dites *révolutionnaires*. Aussitôt que Lucotte apprit sa destitution, il envoya au Directoire un mémoire justificatif de sa conduite, dans lequel il détruit une à une les dénonciations portées contre lui et où respire l'indignation de l'honnête homme, du brave soldat qui a conscience d'avoir fidèlement rempli son devoir et qui se

---

* Le brave général de Montchoisy, sous les ordres duquel servait le colonel Lucotte, fut accusé d'avoir favorisé le parti royaliste ; et le Directoire exécutif, considérant qu'il n'avait pas déployé toute l'énergie qu'exigeait la situation de la commune de Lyon ; qu'il aurait dû dissiper par la force l'attroupement duquel était résulté le meurtre de plusieurs citoyens, arrêta que ce général serait destitué de ses fonctions, ce qui eut lieu le 8 prairial C'est alors que le colonel Lucotte rédigea une adresse justificative des faits qui avaient amené la destitution de son général, la fit signer par 140 officiers et l'envoya au Directoire.

voit frappé dans tout ce qu'il a de plus cher : son honneur ! Voici ce
mémoire que je possède, écrit en entier de la main du brave Lucotte, et
que je transcris textuellement ici :

RÉPONSE DU CITOYEN LUCOTTE, CHEF DE BRIGADE, SUSPENDU DE
SES FONCTIONS, AUX DÉNONCIATIONS PORTÉES CONTRE LUI A LA
TRIBUNE DES CINQ-CENTS ET AU DIRECTOIRE, LE 18 MESSIDOR
AN VI.

« Tous les citoyens ont droit à la protection des Lois et du Gouverne-
« ment : le soldat qui a versé son sang pour son pays n'invoquera pas
« en vain la Justice ; la voix du faible ne sera pas étouffée par les cris
« du fort, et l'innocence ne sera pas sans cesse la victime du méchant.

« Ce 18 messidor dernier, le représentant du peuple Chabert dé-
« nonça le chef de la 7ᵉ demi-brigade d'infanterie légère, d'abord à la
« tribune des Cinq-Cents, ensuite au Directoire exécutif; il l'accusa
« d'avoir défendu devant un conseil de révision *le chef des assassins du*
« *Midi*; il l'accusa d'avoir dit dans son plaidoyer que : *si son client pé-*
« *rissait, il se mettrait à la tête d'une sainte insurrection des gens de bien*
« *contre les Cannibales.*

« Il ajouta qu'on lui écrivait de Lyon que le citoyen Lucotte y avait
« jadis été destitué *pour avoir, avec le général Montchoisy, protégé les*
« *égorgeurs.*

« Le 18 messidor, le Directoire exécutif m'a suspendu de mes fonc-
« tions.

« Le devoir d'un représentant est de poursuivre les abus, de dénoncer
« le crime ; mais la plus sainte des obligations sociales, c'est de permet-
« tre à l'accusé de se défendre.

« Le représentant Chabert aurait pu se rappeler qu'il compte dans
« l'état militaire, et qu'il doit sa protection à ceux qui ont honoré l'épée.
« Le soldat serait bien à plaindre si ses chefs n'étaient pas ses premiers
« défenseurs ; mais il trouvera protection dans le Gouvernement; c'est
« à lui que je m'adresse avec confiance, et je vais détruire l'accusation
« portée contre moi par le général Chabert, représentant du peuple.

« A Marseille, un malheureux est condamné, pour la seconde fois, à
« la peine de mort; son jugement était vicieux, personne n'ose parler:
« on me présente le soir, veille de la révision, des preuves éclatantes
« de l'innocence du condamné pour le fait sur lequel avait prononcé le
« conseil; les témoins à décharge avaient été menacés, repoussés. Il
« fallait du courage pour oser défendre les lois, les principes, l'huma-

« nité ; mon cœur s'ébranle, et je remplis avec zèle un devoir cher à
« l'homme sensible.

« Il était temps de lutter contre une horde de faux témoins qui fai-
« saient tout pour influencer et gouverner les tribunaux ; le Gouverne-
« ment ignore jusqu'où l'anarchie a porté son audace à Marseille. Si
« mon témoignage est suspect, qu'on lise la proclamation du général
« Garnier faite à cette époque : les hommes qui me dénoncent ne récu-
« seront pas le général Garnier (1).

« Je prouvai victorieusement au conseil de révision que le jugement
« rendu contre Toussaint Laure était vicieux sous tous les rapports......
« Il fut annulé : j'ai parlé devant un conseil respectable ; les tribunes,
« que la Loi compose d'auditeurs en nombre triple des juges, étaient
« remplies de citoyens avides d'entendre la ratification d'un arrêt de mort,
« et de militaires amis de l'ordre et des lois.

« Par ordre du général de division, le capitaine rapporteur du
« 1er conseil de guerre a informé contre le propos que le représentant
« Chabert me prête ; les membres du tribunal et dix à douze témoins
« attestent que ni le *mot* ni *l'idée d'insurrection des gens de bien contre*
« *les Cannibales* ne sont sortis de ma bouche ; ils déclarent que mes
« observations imprimées sont conformes à celles prononcées devant le
« conseil de révision.

« Si le tribunal et des militaires sont dignes de foi, je suis justifié......
« Je fus destitué à Lyon dans le courant de l'an IV : treize jours après,
« je fus réintégré par le Directoire ; donc cette suprême autorité ne me
« jugea pas coupable.

« Le général Montchoisy avait été suspendu de ses fonctions : officiers
« et soldats regrettaient ce général. On me désigna pour rédiger l'acte
« de notre estime et de notre attachement pour Montchoisy : nous
« signâmes collectivement ; la Constitution le défendait ; nous nous
« rendîmes coupables d'une faute bien involontaire ; mais le Directoire
« pardonna : voilà le fait. Il y aurait de la méchanceté à l'altérer pour
« jeter de la défaveur sur un jeune officier qui a joui de la considération
« de tous ses chefs.

« Je respecte trop le général Chabert pour croire qu'on ne l'a pas

____

(1) Il m'est parvenu que des ennemis cachés du Gouvernement s'insinuaient dans
les rangs des patriotes ; « que ne pouvant les corrompre, ils cherchaient à les éga-
« rer en les rendant les spectateurs et en apparence les complices des excès dont ils
« sont seuls coupables.
« Ce sont ces perfides agitateurs qui, se portant avec la foule aux audiences des
« tribunaux, donnent naissance à des rixes capables de compromettre la tranquillité
« qui doit précéder et suivre leurs décisions. On les a vus insulter au malheur,
« provoquer les accusés, inspirer aux témoins, tant à charge qu'à décharge, des ter-
« reurs paniques, et cette infraction à la Loi, en même temps qu'elle doit finir, ne
« saurait être impunie. » (Proclamation du général Garnier, 1re page.)

« trompé et poussé même à me faire dépouiller de mon état. Je me
« suis rappelé ses adieux lorsqu'il quitta le commandement de Marseille.
« Ce général m'offrit, à moi et à mon corps, sa protection si un jour le
« besoin s'en présentait. Arrivé dans Paris, je me présente à lui ; j'ai
« cru qu'il me recevrait avec bonté et même avec loyauté : de suite il
« m'a déclaré ce qu'il avait fait contre moi, en me donnant connais-
« sance des lettres du citoyen Micoulin, commissaire du Pouvoir exé-
« cutif près le bureau central de Marseille.

« Cet homme public est donc mon dénonciateur principal ; il occupe
« des fonctions intéressantes ; sa place prouve la confiance du Gouver-
« nement, mais la place ne doit pas toujours faire l'éloge de l'homme,
« c'est la conduite seule...... J'ai parcouru rapidement quelques-unes
« de ses lettres ; *il a*, dit-il, *avec regret, été forcé d'accuser Lucotte*
« *auquel il avait donné son amitié.*

« Je ne me rappelle pas avoir eu avec le citoyen Micoulin aucune
« liaison d'amitié, ni de haine ; je ne l'ai connu que très-imparfaite-
« ment et je n'ai pu le connaître autrement.

« Il drape ma conduite avec les couleurs les plus noires ; il invente
« tout ce qu'il y a d'affreux pour me faire juger par le Directoire
« comme un dangereux contre-révolutionnaire, etc., etc.

« Voici quelques-uns des crimes qu'il trace avec la plus calomnieuse
« éloquence :

« 1° *J'ai défendu Toussaint Laure qui a ensanglanté le Midi ; je me*
« *suis déclaré le protecteur des assassins ; un jour je préside un tribunal*
« *et y condamne à mort un malheureux assassin, un autre jour je suis*
« *devant le Conseil de révision le défenseur d'un coupable, et je le*
« *sauve......*

« J'ai protégé la cause d'un condamné, je l'ai sauvé ; voilà le plus
« grand crime qu'on me reproche : Comment le malheureux Laure,
« embarqué et parti en ventôse an III, fait prisonnier le 9 fructidor
« suivant par les Anglais, dans la rivière de Gênes, sauvé à la nage le
« même jour sous le feu de l'ennemi, comment pouvait-il assassiner à
« Aix le 22 floréal an III ? Comment se trouve-t-il des témoins qui
« déposent l'impossible, quand le capitaine du vaisseau que montait
« Laure, quand les officiers de marine et l'équipage attestent la vé-
« rité ?

« Je n'ai donc pas défendu l'assassin des prisonniers d'Aix.

« Quand j'ai présidé le Conseil de guerre, j'ai condamné tous les
« monstres reconnus souillés de sang ; alors on applaudissait...... L'oc-
« casion de parler en faveur d'un homme que je crois innocent se pré-
« sente ; ce c'est pas moi qui l'avais jugé : Je défends sa cause en
« plaidant pour l'humanité, comme je poursuis le crime avec la même

« chaleur, et le citoyen Micoulin trouve de l'inconséquence dans cette
« conduite!.... il aura peu de sectateurs de son opinion.

« Laure fût-il coupable, n'avait-il pas le droit d'obtenir un défenseur?
« Les lois ne le permettent-elles pas? Ce n'est pas un crime de remplir
« ce ministère. Eh ! que deviendrait donc l'innocence, si l'accusé devait
« être jugé sur la prévention? Qui oserait jouer le beau rôle de défen-
« seur?

« 2° *Loin de remplir la tâche qui me fut prescrite en arrivant dans le*
« *Midi avec ma demi-brigade, je me suis rendu l'ennemi et l'effroi des*
« *patriotes......*

« Voilà ce que dit le citoyen Micoulin; s'il est seul digne de foi,
« j'aurai toujours une grande satisfaction de produire les témoignages
« honorables que j'ai reçus de la part des braves généraux Pille, Sibaud
« et Petit-Guillaume. Je crois qu'il appartient directement à mes chefs
« de me juger; ma tâche, en venant dans le Midi, fut d'y rappeler et
« maintenir l'ordre et l'exécution des lois : Voyons si je l'ai remplie (1).

(1) « Le général Pille dit dans une lettre du 6 thermidor an VI : *j'ai trop eu à me louer*
« *du zèle, des moyens, du civisme du chef et du corps entier pour oublier combien sa*
« *présence dans la 8ᵉ division militaire y a bien servi la République.*

(Une lettre aussi intéressante n'a été ni sollicitée ni vendue.)

« Le général Sibaud dit le 6 thermidor an VI : j'atteste que depuis dix mois que j'ai
« sous mes ordres la totalité ou la majeure partie de la 7ᵉ demi-brigade légère, com-
« mandée par le citoyen Lucotte, j'ai constamment remarqué dans ce chef un ardent
« et sincère attachement à ses devoirs; qu'ayant passé plusieurs fois ce corps en
« revue, je me suis convaincu, non-seulement de son zèle soutenu, mais plus encore
« de ses talents supérieurs pour toutes les parties de l'administration de sa demi-
« brigade. Sa fermeté dans les choses de devoir, son amour prononcé pour l'ordre,
« sa moralité, l'aménité de sa conduite envers ses subordonnés caractérisent cet in-
« téressant jeune homme que Bonaparte a su distinguer ; c'est tout dire.... Puisse
« cet acte authentique de mon estime pour ce chef, tourner à la confusion de ses
« ennemis, et servir à conserver à la République un chef précieux qui lui fut sincè-
« rement attaché, ainsi qu'à la constitution de l'an III.

« (Un pareil juge est-il digne de foi ?)

« LE GÉNÉRAL PETIT-GUILLAUME AU DIRECTOIRE EXÉCUTIF LE 7 THERMIDOR :

« Citoyens directeurs. — Mon étonnement aurait été plus grand à la réception de
« votre arrêté qui suspend de ses fonctions le chef de la 7ᵉ demi-brigade, le citoyen
« Lucotte, si depuis quinze jours ses dénonciateurs n'eussent annoncé leur succès
« momentané. Le triomphe de l'imposture sur la vérité ne peut être que passager...
« On vous en a imposé, citoyens directeurs : cet homme, dont on a noirci à vos yeux
« la conduite, qu'on vous a représenté comme un mauvais citoyen, est un chef éclairé,
« connaissant et remplissant ses devoirs, ayant versé son sang pour son pays, aimé de
« ses officiers, chéri de ses soldats, estimé de la garnison tout entière. Ce ne sera pas
« en vain qu'il emportera nos justes regrets. J'aime à croire, citoyens directeurs, que

« 3° *Ma conduite a forcé un camarade à me vouer au mépris !...* Jamais
« calomnie ne fut plus atroce... Aussi jamais ne fut-il si facile de la
« détruire : je citerai d'abord le rapport de mes chefs au Directoire et
« au ministre de la guerre ; je citerai une partie du témoignage de mes
« frères d'armes, il est trop long et trop honorable ; je dirai plus : si
« l'on consulte la 7ᵉ demi-brigade, il n'y aura qu'une voix en ma faveur ;
« j'en excepte cependant le chef de brigade G***, chassé de l'armée par
« Bonaparte, comme lâche, ignorant, immoral, etc. etc...; j'en excepte
« un très-petit nombre d'individus dont j'ai signalé les vices et qui ne
« continueront pas longtemps à déshonorer les épaulettes.

« 4° *J'ai prêché contre la Loi du 19 fructidor...* Jamais je n'ai dit un
« mot pour ou contre cette Loi : si comme calomniateur, le citoyen
« Micoulin était poursuivi, si je pouvais me servir de cet article des
« Droits de l'Homme : *la Loi doit être la même pour tous, soit qu'elle*
« *protége, soit qu'elle punisse*, je le demande : qui serait inquiet et puni ?
« Mais...

« vous le rendrez bientôt à son poste, où la justice et nos vœux le rappellent, et qu'il
« échappera aux traits envenimés de la calomnie qui le poursuit avec autant d'injus-
« tice que d'acharnement. »

(Voilà ma réponse au second point d'accusation. .)

« LE GÉNÉRAL PETIT-GUILLAUME AU MINISTRE DE LA GUERRE...
« 8 MESSIDOR AN VI.

« J'ai été bien surpris de recevoir la destitution du meilleur chef de brigade de ma
« division, le citoyen Lucotte, couvert de blessures honorables, ce jeune homme
« rempli de talents, d'une moralité et d'un patriotisme à toute épreuve. Oui, citoyen
« ministre, je vous dirai la vérité... Toute la 7ᵉ demi-brigade est désolée de perdre
« son chef; officiers et soldats sont venus me trouver pour vous redemander leur chef.
« Je me joins avec bien du plaisir à nos frères d'armes, persuadé que l'intrigue seule
« a trompé la religion du Gouvernement, et qu'il rendra justice au citoyen Lucotte en
« le renvoyant commander son corps.
« Le conseil d'administration de la 7ᵉ demi-brigade et les chefs disent : Avant l'ar-
« rivée du citoyen Lucotte donné au corps par le général Bonaparte, tout y était dans
« le désordre ; bientôt, tout reprit une nouvelle vie : la discipline, la tenue, l'instruc-
« tion, l'amour des Lois et du Gouvernement y régnèrent ; les vices furent signalés,
« la confiance naquit dans le cœur des officiers, l'amour dans celui des soldats... L'é-
« nergie du citoyen Lucotte et ses discours pleins de patriotisme ont toujours tonné
« contre la tyrannie et prêché le respect à la constitution de l'an III, etc., etc., etc.
« Jamais chef ne fut plus estimable par sa conduite morale, politique, mi-
« litaire, etc.
« ..... (Que répondra le citoyen Micoulin ?)
« Et si j'avais la lettre que le général Cautin, nouvellement arrivé dans Marseille
« pour y commander, lettre qu'il écrit au ministre après mon départ, sur des ren-
« seignements qu'il a bien appréciés, pour solliciter la justice qui m'est due et qu'es-
« pèrent tous les officiers de la garnison et tous mes frères d'armes ?
« ....(Le citoyen Micoulin m'éprisera-t-il tant d'attestations qui complètent mon
« éloge ?)

« 5° *Je suis devenu l'homme du jour des sociétés ; je n'ai fréquenté que*
« *des royalistes,* etc., etc., etc... A Marseille, on ne m'a vu dans aucune
« société ; j'ai vécu constamment avec mes frères d'armes ou seul. Je
« défie tous mes délateurs de prouver que j'ai fréquenté un seul particu-
« lier autre que le respectable citoyen chez lequel le Bureau central m'a
« logé.

« 5° *L'or et les femmes m'ont corrompu...*
« L'or ne corrompt pas le soldat dont le sang et la vertu se sont épu-
« rés pendant six campagnes ; les méchants croient, par expérience, que
« rien ne se fait sans le secours rémunérateur de l'or !...
« Les femmes !... je les aime beaucoup ; mais dans Marseille elles ne
« m'ont gâté ni mon corps ni mon âme.

« 6° *J'étais patriote en revenant de l'armée, mais j'ai changé...*
« Une pareille sottise mérite-t-elle une réponse ? je mettrai le témoi-
« gnage de mes frères d'armes et de mes généraux en parallèle avec les
« assertions du citoyen Micoulin. Un militaire qui a tout fait pour son
« pays, qui a formé son opinion dans les camps, où la philosophie est
« pure et étrangère à l'intrigue, peut-il changer tout d'un coup ?
« Parce que j'ai frappé de terreur une faction, je change ! Eh ! si
« j'étais patriote en tonnant contre les horreurs qui ont forcé le 18 fruc-
« tidor, je le serais toujours en m'élevant contre tout parti ennemi des
« Lois et du Gouvernement.
« Quand il m'est si facile de me justifier, j'ai peine à concevoir com-
« ment il se trouve un calomniateur assez hardi pour attaquer l'inno-
« cence. Qu'ai-je donc fait pour être persécuté ?
« Je réponds que je suis pauvre, jeune, ayant un état honorable, ga-
« gné par de constantes études, par six campagnes, par des blessures,
« par une conduite sans reproche, estimé de mes subordonnés, de mes
« égaux et de mes chefs. J'arrive dans l'intérieur ; j'y marche constam-
« ment dans le sentier des Lois : je déplais à quelques êtres qui ne veu-
« lent ni constitution, ni pouvoir exécutif ; on me calomnie, et le Gou-
« vernement, qui ne peut tout voir par ses yeux, me croit coupable et
« frappe... Pourquoi ne peut-on, avec une bonne cause, obtenir une
« prompte justice ? Cette question ne doit pas décourager l'ami de la
« République, et même sa réponse doit consoler.
« Il est plus difficile d'aborder le Gouvernement que l'ennemi : pour
« aller à l'ennemi, il fallait du courage et du patriotisme : les chemins sont
« ouverts à tout le monde, on m'y a vu... Pour parvenir au Gouverne-
« ment, il ne faut pas imiter l'intrigue qui s'insinue partout ; il faut mar-
« cher avec respect et se persuader que l'intérêt particulier ne passe
« point avant les intérêts généraux.

« A la fin, je l'espère, on prendra connaissance des preuves authenti-
« ques de mon innocence , et le Directoire réparera le mal que m'a fait
« la calomnie ; je ne demande pas vengeance : il faut mépriser les mé-
« chants, offrir comme un sacrifice de plus le mal qu'ils font, et avec le
« frein de la justice, les enchaîner et leur ôter la faculté de nuire à
« jamais.

« Quand, aux yeux du Gouvernement et du public, je serai justifié, je
« retournerai sous les drapeaux qui flotteront encore devant l'ennemi ;
« j'ai encore des forces, du zèle et du courage à offrir à ma patrie : elle
« ne les dédaignera point, je l'espère.

« Signé : LUCOTTE. »

Après une réponse aussi nette, aussi franche, aussi digne, et en présence des témoignages flatteurs que tous les chefs de Lucotte se firent un
devoir de lui accorder, le Directoire Exécutif ne put tarder à être bien
convaincu de la complète innocence du chef de la 7ᵉ demi-brigade ;
aussi, quelques jours après, il le réintégra dans ses fonctions si loyalement remplies et le mit, le 19 brumaire an VII, à la disposition du général en chef Kilmaine, avec recommandation spéciale de lui donner de
l'avancement dans l'armée d'Angleterre ; mais bientôt on le désigna
pour faire partie de l'expédition d'Égypte, avec le grade de général de
brigade provisoire ; il était alors à peine âgé de 28 ans. Il s'embarqua
donc pour aller rejoindre le général en chef Bonaparte, sur la goëlette
la Cisalpine, lorsqu'une violente tempête sépara le bâtiment de la flotte
et la brisa sur les rochers, à la hauteur de Barletta, dans la Pouille. Fort
heureusement deux chaloupes napolitaines parvinrent à sauver les nau-
fragés et à les ramener sains et saufs dans Ancône. Cette place, et les
trois départements romains dont elle est la clef, étaient menacés du côté
de la mer, par une escadre turco-russe avec de nombreuses troupes de
débarquement ; du côté de la terre, par une forte division autrichienne,
près de 46,000 hommes, commandés par un transfuge de nos armées ,
le général Lahoz, qui dirigeait encore une formidable insurrection. Une
simple division commandée par le brave et habile général Monnier était
enfermée dans cette place, sans communication aucune avec d'autres
corps de troupes françaises, et chargée de résister seule à toutes ces forces ;
elle le fit avec un dévouement héroïque ; et dans ces luttes qui illustrè-
rent à jamais la défense d'Ancône, le jeune général Lucotte se fit toujours
remarquer par sa valeur et l'habileté avec laquelle il dirigea les opérations qui lui furent confiées. Il fut particulièrement cité, le 21 prairial
an VII, à l'attaque de Pesaro, où il brilla par son audace et son talent
et où il eut son chapeau percé de balles ; — le 9 messidor, à la prise
d'assaut de Fabriano, où il dirigeait l'artillerie ; — les 16 et 17 du même

mois, à la prise de Macerata ; — le 23, à l'affaire de Fano enlevée où il coupe les hussards ennemis par la porte de Pesaro ; — le 8 thermidor, à la fameuse affaire de Monte-del-Olmo, où Lucotte, qui commandait en personne, s'empara du pont de la Clienthi, culbuta les postes ennemis, s'engagea au milieu de 1,200 insurgés pour les reconnaître, s'en dégagea quand il eut délivré sa colonne de droite bloquée dans Monte-del-Olmo, tua plus de quarante hommes et n'en perdit que huit ; — le 19 thermidor, à la reprise de Castel-Fidardo, où Lucotte et son aide-de-camp, le capitaine Zénardi, se distinguent particulièrement et emportent Castel-Fidardo au pas de course et au galop ; le même jour à lieu l'évacuation de Monte-Sicuro par nos troupes, et le général exécute son mouvement rétrograde avec une grande précision ; — le 21, à l'affaire de la redoute de la Montagnole, chaudement disputée et que nous perdons : là, Lucotte, vivement secondé par le brave Zénardi, se fait remarquer et citer à l'ordre du jour pour sa sage défense, sa retraite en bon ordre, et sauve l'artille-tillerie ; — Enfin, le 9 vendémiaire et le 12 brumaire, dans les deux sor-ties qui signalèrent la fin de cette héroïque défense, Lucotte, d'après les termes des rapports du général Monnier, commandant en chef, *se montra au-dessus de tout éloge* (1).

De retour en France après la capitulation d'Ancône, Lucotte fut confirmé dans son grade de général de brigade, le 28 pluviose an VIII, et obtint le commandement de la subdivision de l'Oise dans la 17ᵉ division militaire en résidence à Beauvais, où il épousa (17 juillet 1802) demoiselle Jeanne-Philippine-Rosalie Bourrée de Corberon, qui joignait à une grande beauté de grandes qualités de cœur et d'esprit (2). Peu de

(1) Voir pour détails plus circonstanciés l'excellent ouvrage édité en 1802 et intitulé *Défense d'Ancône*, par Michel-Ange-Bernard Mangourit, ex-commissaire des relations extérieures, à Ancône, l'un des négociateurs de la capitulation.

On lit dans le premier volume de cet ouvrage, page 268, les quelques lignes suivantes d'appréciation sur le général Lucotte :

« Le général Lucotte possédait ce que la nature peut accorder à un individu sans « déplaire à qui que ce soit, et ce qu'un jugement sain et une sensibilité exquise, joints « à des principes sûrs, à une éducation libérale, à une fortitude réfléchie, produisent « d'avantageux à la cause qu'on défend. S'il était revêtu d'une dignité éminente, je « penserais ce que je viens d'écrire, mais je ne le publierais pas. La peine la plus sensi-« ble que l'on pût me faire, ce serait de prouver qu'en aucun temps, j'aie flagorné, j'aie « fait ma cour.

« Le général Lucotte parvint promptement à l'amour, lorsque Lahoz cherchait « à l'environner de haines. La ville de Macerata, qu'il avait choisie pour point central « d'observations, lui donna des preuves de son estime ; et les habitants eussent pris les « armes sous sa conduite s'il y fût resté plus longtemps. Il avait amené à d'excellentes « dispositions ceux d'Osimo, de Cingoli et de Camerino ; et les paysans des environs « disaient aux patrouilles d'insurgés, avec le ton de la raillerie : « ah ! ah ! nous « irons bientôt à l'affaire de Macerata pour acheter les dépouilles du sac de Fermo. »

(2) Jeanne-Philippine-Rosalie de Corberon était la fille du marquis de Corberon, capitaine aux Gardes Françaises, mis à mort avec un jeune fils de seize ans à l'épo-

temps après, il commanda provisoirement la 15e division à Rouen et exerça ces fonctions jusqu'au 11 ventôse, époque à laquelle il fut de nouveau employé dans la 17e (devenue 1re). Dans cet intervalle de temps, il devint, le 19 frimaire an XII, membre de la Légion-d'Honneur, à l'époque de la création de cet ordre, et le 25 prairial suivant, fut élevé à la dignité de commandeur.

Le 1er septembre 1805, Lucotte fut envoyé à l'armée française du royaume de Naples, y fit les campagnes de 1805, 1806, 1807, se distingua souvent à la tête de ses troupes, battit les insurgés de la Pouille et des Calabres, et parvint souvent à rallier les populations à l'autorité française. Lorsque le Prince Joseph Bonaparte fut élevé au trône de Naples, le général Lucotte fut désigné pour passer à son service, le 6 décembre 1807 ; et dès le 8 janvier suivant, le roi l'élevait au grade de général de division, le choisissait pour aide-de-camp, le nommait commandeur de l'Ordre Royal des Deux-Siciles, le 3 juin 1808, le faisait dignitaire du même ordre, gouverneur du Palais, et conférait à sa charmante femme le titre de dame du Palais de la Reine.

A cette époque, l'Empereur disposait des royaumes dans l'intérêt d'une politique militante contre les coalitions de l'Europe, et se proposait de fédéraliser autour la France, et sous son protectorat, tous les pays limitrophes, et réaliser une de ses plus grandes pensées : la concentration des mêmes peuples géographiques, concentration qui eût eu sûrement la puissance de suspendre toute guerre en Europe et d'imposer la paix à tout le reste du continent. Il fit passer son frère Joseph du trône de Naples à celui d'Espagne, et le général Lucotte, attaché à la fortune de ce prince par les liens de la reconnaissance, le suivit dans ses nouveaux États, avec le titre d'aide-de-camp et premier majordome de S. M. catholique. La modération de son caractère, le désintéressement de sa conduite lui concilièrent en peu de temps l'estime des habitants. Chargé du gouvernement de Séville, il empêcha que cette

que de la terreur, et descendait d'une ancienne famille originaire de la Bourgogne, établie depuis longtemps dans la terre de Troissereux, arrondissement de Beauvais. En récompense de services civils rendus à l'État par Daniel-Jean-Charles Bourrée de Corberon, l'Empereur, par lettres patentes du 3 juin 1811, lui conféra le titre de baron avec établissement de majorat, formé avec les propres biens du titulaire.

Cette famille est encore, de nos jours, dignement représentée par le baron de Corberon, membre du conseil général, député du département de l'Oise, officier de la Légion-d'Honneur, marié à Émilie de Feutrier, fille du pair de France de ce nom.

Les armes de cette famille sont : écartelé au 1 : d'azur à 3 gerbes ou bourrées d'or, liées d'argent posées 2 et 1 (qui est de Bourrée de Corberon) au 2. d'azur au chef d'or chargé de 3 tourteaux de gueules (qui est de Bligny) au 3. de gueules à la fasce d'argent accomp : de 3 grelots de gueules rangés en chef (qui est de Plaines) au 4 : d'argent à la tête de maure de sable, tortillée d'argent, accomp : de 5 molettes de gueules (qui est de Le Goux de Berchères).

ville ne fût pillée, que les églises ne fussent entièrement détruites et que les prêtres, dont la conduite avait excité la fureur des soldats, ne devinssent victimes de leur vengeance.

En même temps que Lucotte organisait la maison militaire du roi et concourait à la formation des divers corps espagnols ralliés à la cause de ce prince, il remplissait, de sa part, des missions importantes près des maréchaux-commandants des armées françaises et assistait, dans les campagnes de 1808 à 1811, à plusieurs des marches et combats de l'armée du centre, sous le commandement direct du roi ; aussi, le 6 janvier 1810, en récompense des services déjà rendus, Sa Majesté élevait Lucotte à la dignité de grand cordon de l'ordre royal d'Espagne, et le 18 février suivant, érigeait en marquisat, pour lui et sa descendance légitime, le domaine de Sopetrano que le général avait acquis de ses propres deniers (1).

Les rivalités des généraux en chef ayant déjà produit de grands revers, l'Empereur avait investi le roi Joseph du commandement suprême des armées françaises en Espagne ; la mission du général Lucotte n'en devint alors que plus active : en juillet 1812, il participa aux secours portés par ce prince, à la tête de l'armée du centre, à l'armée du Portugal vaincue aux Arapires. Au mois d'août suivant, l'armée du centre ayant à protéger la Cour forcée de se retirer de Madrid sur Valence, le général ne s'épargna ni dangers, ni fatigues pour veiller au salut de tous, et servir dignement le souverain qui l'honorait de sa confiance et de son affection ; il en fut de même dans toutes les opérations de guerre qui eurent pour résultat le retour du roi dans sa capitale, au mois de novembre.

Mais six mois après, il fallut de nouveau quitter Madrid et se retirer, toujours en combattant, jusqu'à Valladolid, Burgos et Vitoria, qui a donné son nom à la dernière et funeste bataille livrée sous le commandement

---

(1) Le domaine de Sopetrano, ceux d'Anchuelo, de Valverde, etc., etc., ayant appartenu à des couvents supprimés, avaient été déclarés domaines de l'État sous le règne de Charles IV, et des bulles du Pape en avaient autorisé la vente au profit du Trésor espagnol. Le roi Joseph les ayant mis en vente conformément à ces dispositions, le général Lucotte en fit loyalement et légalement l'acquisition, au mois de janvier 1810, moyennant le prix de 7,266,195 réaux (1,817,546 fr.), qu'il acquitta suivant les règles établies, tant en cédules hypothécaires qu'en espèces métalliques.

Les sommes consacrées à cette acquisition se composaient de *toute la fortune du général et d'une partie de celle de sa femme ;* il resta en possession de ces biens pendant près de quatre ans ; mais après le retour de Ferdinand VII, ils furent confisqués, sans que jamais le gouvernement espagnol ait voulu consentir à restituer tout ou partie des sommes versées par l'acquéreur.

Cette spoliation, si contraire à toutes les règles du droit public et privé, a consommé la ruine d'un loyal acquéreur et brave militaire qui n'avait jamais fait que du bien en Espagne.

du roi Joseph le 12 juin 1813. Là, comme toujours, le général Lucotte combattit vaillamment; mais la fortune nous fut contraire, et la bataille se termina par une défaite qui signalait la fin du règne du frère de l'Empereur en Espagne. Dans ce désastre, le général perdit tout ce qu'il avait pu emporter de Madrid : argenterie, bijoux, titres et papiers, jusqu'à ses vêtements et son linge; quant au mobilier laissé dans son hôtel, il fut perdu comme le reste; il en fut de même de trois années de solde arriérée de général de division qui étaient dues à Lucotte. L'Empereur avait alors autre chose à faire que de l'en dédommager, et le Gouvernement de la Restauration s'y refusa, alléguant que cette solde n'avait pas été acquise au service de la France.

Rentré au service de la France le 4 novembre 1813 comme simple général de brigade, il fut envoyé, le 7 du même mois, en Allemagne avec le titre de chef d'état-major du cinquième corps de la grande armée, dont les débris opéraient alors péniblement leur retraite vers nos frontières. Pendant cette mémorable campagne de 1814, Lucotte commanda d'abord une brigade, puis une division dans le sixième corps, sous les ordres du maréchal Marmont, duc de Raguse, et se signala dans tous les actes de guerre où ce corps fut engagé et notamment :

Le 29 janvier 1814 à Brienne.

Le 10 février à Champaubert.

Le 9 mars à Laon et à Athies où il pénétra à la tête de sa brigade, y culbuta deux bataillons russes et s'empara de l'une des fermes de ce bourg.

Le 25 mars à Fère-Champenoise, et enfin à la bataille de Paris, où les deux corps des ducs de Raguse et de Trévise, luttant pendant deux jours contre des forces décuples, firent des prodiges de valeur. Le général eut la douleur de voir son aide-de-camp tomber mort à ses côtés et eut lui-même deux chevaux blessés sous lui. Après la bataille de Paris, le sixième corps d'armée se retira sur la ligne d'Essonnes pour rallier Napoléon qui, de Fontainebleau, espérait avec toutes ses forces réunies infliger une grande défaite à celles de la coalition disséminées autour de la capitale sur les deux rives de la Seine; c'est alors que le maréchal Marmont, duc de Raguse, ouvrit avec les ennemis de la France cette honteuse négociation en vertu de laquelle les troupes qu'il commandait devaient quitter la position d'Essonnes et se retirer par Versailles sur un point en deçà du théâtre des hostilités, de manière à laisser l'armée ennemie entre ses troupes et l'empereur Napoléon. Lucotte, dont les dispositions n'avaient pas paru favorables, avait été le seul officier général qu'on n'eût pas mis dans le secret de la défection; aussi s'étonna-t-il de l'ordre qu'il reçut de marcher sur Versailles, ordre qui lui paraissait si étrange au point de vue militaire, qu'il refusa d'obéir et maintint en bon ordre sa division à Corbeil à portée de l'Empereur, jusqu'à ce que celui-ci eût renoncé à toute lutte armée.

Cette belle conduite ne pouvait manquer d'être remarquée, et tous les historiens de la campagne de 1814 rendent un éclatant hommage à ce noble exemple de fidélité ; dans la *Galerie historique des Contemporains*, ouvrage édité à Bruxelles en 1819 (page 342 du tome VI) ; dans les *Fastes de la Légion-d'Honneur*, par MM. Lievyns, Verdot et Berat (t. III, page 357) ; dans la *Nouvelle Biographie générale*, actuellement publiée par Firmin Didot frères, sous la direction du Dr Hoefer, il y a de beaux articles sur le général Lucotte. M. Thiers, dans son *Histoire du Consulat et de l'Empire* (t. XVII, page 736), après avoir exposé toutes les péripéties de la malheureuse défection de Marmont, termine en ces termes :

« Ainsi passa à l'ennemi le sixième corps, à une division près, celle
« du général Lucotte, à qui l'ordre parut suspect et qui refusa de l'exé-
« cuter. La ligne d'Essonnes resta donc découverte et le sixième corps,
« si nécessaire à l'exécution des projets de l'Empereur, fut complète-
« ment perdu pour lui. »

Dans un ouvrage de Rapetti, édité en 1858, et intitulé : la *Défection de Marmont* en 1814, il y a sur le général Lucotte une page tellement belle, que malgré le cadre restreint de cet opuscule, je ne puis m'empêcher de la reproduire textuellement ici : Lucotte, comme je l'ai dit plus haut, n'avait pas été mis dans le secret de la défection et n'avait pas, avec sa division, suivi les autres généraux du sixième corps qui l'accusaient même de les avoir dénoncés à l'Empereur. Rappetti, page 236, dit :

« Le général Lucotte n'avait pas averti l'Empereur ; nous devons le
« dire, pour rester dans la vérité ; mais nous devons aussi ajouter que
« ce général aurait dû le faire et que sans nul doute il l'aurait fait si
« les circonstances et l'état de ses informations le lui avaient permis.
« Le général Lucotte n'avait reçu aucune confidence, et il ne s'est douté
« de la défection qu'au moment où le sixième corps fut mis en marche
« sur Versailles ; alors il n'était plus temps pour instruire utilement
« l'Empereur ; revenu à son poste de Corbeil, il prit en toute hâte des
« mesures pour se fortifier sur le pont de cette ville ; le général Chris-
« tiani, du corps du duc de Trévise, se joignit à lui pour reformer une
« avant-garde à l'armée, découverte de Fontainebleau. L'histoire, en
« consignant ce fait honorable, ne doit pas davantage oublier la noble
« proclamation mise par le général Lucotte à l'ordre du jour de sa
« troupe, après la défection.

« Voici ce mémorable manifeste :

« LE GÉNÉRAL LUCOTTE, COMMANDANT LA DIVISION DE RÉSERVE,
« A MM. LES OFFICIERS ET SOLDATS DE LA DIVISION.

« Corbeil, 5 avril 1814, à trois heures après midi.

« MES FRÈRES D'ARMES,

« L'Empereur Napoléon a fait annoncer à l'armée, qu'étant considéré
« comme le seul obstacle à la paix de l'Europe, il était prêt à renoncer
« au trône et même à la vie pour le bonheur de la France.

« L'Empereur Napoléon demande que le Prince, son fils, et S. M.
« l'Impératrice régente, lui succèdent dans le pouvoir que la France
« lui a conféré.

« Les premiers corps de l'État doivent répondre, et les puissances
« coalisées paraissent protéger l'émission libre du vœu de ces corps, qui
« représentent aujourd'hui la France ; en attendant une décision, une
« trève s'est établie entre l'armée française qui suivait Napoléon et
« l'armée des alliés coalisés.

« Respectons religieusement cette trève et toute décision qui fixera
« le sort de la France comme celui de l'armée.

« La nuit dernière, des corps entiers ont quitté leurs positions. J'a-
« vais l'ordre d'occuper Corbeil. Aucun ordre contraire ne m'a été
« donné. Je suis donc resté fidèle avec vous à mon poste.

« *Les braves ne désertent jamais ; ils doivent mourir à leur poste...*

« Nous avons constamment servi la patrie, nous la servirons avec
« loyauté sous tout gouvernement que la majorité de la nation adoptera.

« *Les corps armés ne doivent pas délibérer, mais obéir. Les hommes*
« *guidés par l'honneur et la fidélité sont partout et toujours respectés.*

« La division de réserve ne commettra aucune hostilité envers les
« coalisés, qui ont promis de n'en commettre aucune envers nous et
« contre Corbeil. Que mes frères d'armes attendent avec confiance les
« ordres qu'un bon Français, leur général, donnera, et il espère qu'ils
« les suivront.

« Signé : LUCOTTE. »

« Cette proclamation est insérée dans le *Moniteur* du 7 avril 1814,
« chose étrange, à la suite de l'annonce et des pièces du traité et de la
« défection de Marmont. Un hasard, une inadvertance des secrétaires

« du Gouvernement provisoire chargés d'expédier les nouvelles à publier
« dans le journal officiel, ont permis ainsi à la fidélité de protester,
« dans la même feuille, contre la trahison. L'opinion du temps fut forte-
« ment émue et intriguée par cette coïncidence fortuite. Ajoutons aussi
« que l'Empereur, à Fontainebleau, ne manqua pas de remarquer la
« conduite du général Lucotte. Ici se place une anecdote fort curieuse
« que nous devons raconter. Lucotte avait encouru la disgrâce de
« l'Empereur, pour une question d'étiquette, pour une marque d'indé-
« pendance d'esprit, et la mauvaise humeur impériale était allée jusqu'à
« priver ce général de brigade d'un avancement mérité par des services
« et les qualités les plus solides. Or, en apprenant comment Lucotte
« s'était comporté à Corbeil, l'Empereur se rappela le mauvais traite-
« ment qu'il lui avait fait subir. « Voyez, répétait-il encore quelques
« jours après aux personnes restées fidèles à son infortune, j'ai été dur,
« injuste même envers Lucotte, et il a refusé de me trahir ; tandis que
« Marmont !..... Je voudrais bien pouvoir réparer mon injustice envers
« Lucotte ; malheureusement il n'est plus temps ; je ne suis plus rien. »
« On était alors au 13 avril, et l'abdication définitive venait d'être signée
« depuis deux jours. Mais le duc de Bassano, qui était présent, comprit
« ce regret l'Empereur ; il rédigea à la hâte un décret nommant Lucotte
« général de division ; puis il antidata de deux jours ce décret qu'il mit
« devant l'Empereur. L'Empereur sourit tristement et signa. »

Nous arrivons maintenant à la fin de cette carrière si glorieusement
remplie : le général, nommé comme on vient de le voir au grade de
divisionnaire en avril 1814, ne fut cependant reconnu lieutenant-général
que par ordonnance royale du 23 juillet suivant ; il avait alors près de
seize ans de grade de général de brigade, et cette tardive réparation le
laissait encore en perte de six ans et demi de grade de général de division
si laborieusement acquis dans les campagnes de Naples et d'Espagne et
qui lui avait été conféré le 8 juillet 1808. Louis XVIII nomma, le
8 juillet 1814, chevalier de l'ordre de Saint-Louis, Lucotte qui resta
lieutenant-général en non-activité jusqu'au 16 mars 1815, époque à
laquelle il fut nommé au commandement d'une division de l'armée de
Paris qui devait, sous les ordres du duc de Berry, s'opposer au retour de
Napoléon en France ; mais d'après l'élan et l'enthousiasme avec lesquels
les troupes volaient au devant de leur ancien souverain, la mission confiée
au général Lucotte devait échouer ; et c'est ce qui arriva. Sa division
voulait en partie passer à l'Empereur, mais son chef, lié par son serment
de fidélité et le sentiment du devoir, parvint à la ramener le même jour,
sans désertion, à leurs casernes à Paris et à Saint-Denis, avec la cocarde
blanche. Ce fut alors qu'il apprit la fuite du Roi, des Princes et de son
général en chef, sans recevoir d'ordre de conduite ni aucunes instructions.

Après le 20 mars, Lucotte refusa d'abord de continuer à servir ; mais en présence des menaces que faisait à la France l'Europe coalisée, il s'indigna à la pensée d'une nouvelle invasion et demanda à concourir à la défense du pays. Immédiatement il obtint le commandement de la vingtième division militaire à Périgueux, où il resta pendant les Cent-Jours et jusqu'au mois de septembre ; c'est pendant qu'il exerçait ce commandement que S. M. l'Empereur, par décret du 24 avril 1815, lui conféra le titre de comte qui ne lui fut confirmé que plus tard sous la Restauration (1).

Après le second retour du Roi, on le mit le 21 juillet en non-activité et il ne reprit ses fonctions qu'à la création du Corps royal d'état-major, et fut nommé le 27 mai 1818, l'un des huit lieutenants-généraux compris dans le cadre et chargés de l'organisation de ce corps ; il continua d'en exercer les fonctions avec l'aptitude et le dévouement qui lui étaient habituels jusqu'à l'époque de sa retraite qu'il obtint avec une pension de 5,400 fr., le 4 mai 1825, pension bien gagnée par 32 ans de services effectifs, 20 campagnes et de nombreuses blessures dont les plus graves furent : l'une un coup de feu dans la hanche droite, l'autre un coup de biscaïen à la cheville du pied gauche, dont le général se ressentit toute sa vie, une troisième un coup de feu reçu dans la région du foie, et dont les effets, combinés avec ceux de la fièvre dont il fut atteint pendant les campagnes de 1805 à 1807 dans les Calabres, ont fortement contribué à lui faire gagner la maladie aiguë qui, le 21 septembre 1825, l'enlevait à la France, à sa famille et à ses amis, à l'âge de 55 ans. Il mourut à Port-sur-Saône, où il s'était rendu pour rétablir sa santé et voir son frère et ses neveux qui habitaient cette ville, ainsi que son plus ancien et meilleur ami, l'excellent prince de Bauffremont.

Son nom est inscrit sur l'arc-de-triomphe de l'Etoile, côté sud, à côté de ses émules de gloire.

Le général Lucotte possédait une bonté de cœur excessive, un besoin de sympathie qu'il portait au plus haut degré dans ses relations de famille, et il n'est pas d'acte de dévouement qu'on ne fût certain d'obtenir de lui ; à ces qualités s'en joignaient deux autres dominantes chez lui à savoir : une inébranlable fidélité au drapeau (2)

---

(1) Les armes du comte Lucotte étaient : écartelé au 1. au franc-quartier impérial des comtes militaires : d'azur à l'épée haute en pal d'argent, montée d'or ; au 2 d'azur à 3 gerbes ou bourrées d'or, liées d'argent (qui est de Bourée de Corberon, par alliance) au 3 d'arg. : à la tête de maure de sable tortillée d'arg. : accompagné de 3 molettes d'éperon de sable, au chef d'or chargé de 3 tourteaux de gueules ; au 4 de gueules à la bande d'azur chargée de 3 étoiles d'argent. L'écu surmonté du casque de comte, orné de ses 4 lambrequins, les 2 supérieurs en or et les 2 autres en argent.

(1) Dont nous avons vu des preuves à Corbeil en avril 1814, et à Essonnes en mars 1815.

et un fervent patriotisme dont le trait qui suit peut donner une faible idée :

C'était à Séville, en 1810, où il était entré après l'expulsion des Anglo-Espagnols ; il découvrit dans une des chapelles de la cathédrale, trois aigles des armées françaises tombées au pouvoir des Espagnols ; cette découverte lui procura une aussi vive émotion qu'une victoire, et dans son culte pour la gloire de nos armes, il aimait à se figurer, qu'en reprenant possession de ce trésor, la France allait effacer le souvenir d'une désastreuse capitulation.

Le général Lucotte avait eu de son mariage avec Mlle de Corberon quatre enfants dont deux moururent en bas âge et deux autres lui survécurent ; ce sont : 1° le comte Jean-Charles-Napoléon de Lucotte, né à Beauvais, capitaine d'état-major, chevalier de l'ordre de Saint-Sauveur de Grèce, mort à la Martinique, étant aide-de-camp du général-gouverneur, le 19 décembre 1838, à l'âge de trente-cinq ans, ne laissant qu'une fille de son mariage avec Mlle Galet de St-Aurin ; avec lui s'éteint le titre de comte, conféré à son père par Napoléon ;

2° Joséphine-Julie-Edma de Lucotte, née à Madrid, filleule du roi Joseph et de la reine Julie, épousa M. Bugnot, lieutenant-colonel du génie, ancien inspecteur des études à l'Ecole polytechnique et directeur de celles de Saint-Cyr, officier de la Légion-d'Honneur, brave militaire d'un grand mérite et d'une érudition profonde et qui s'est fait une règle de toujours marcher sur les traces de son beau-père.

Le général Lucotte, nourri de fortes études, aimait à consacrer ses loisirs, et trouvait un charme infini à la culture des lettres ; les poètes, les orateurs et les historiens grecs et latins, qu'il se plaisait à revoir dans leur texte et à traduire, les grands écrivains du siècle de Louis XIV et les auteurs militaires modernes formaient ses lectures de prédilection. La poésie avait aussi un grand attrait pour lui, et sans vouloir être auteur, il faisait de temps à autre de jolies petites pièces de vers, écrites avec esprit et facilité ; il a composé plusieurs strophes et des romances que la comtesse Lucotte s'amusait souvent à mettre en musique.

J'ai eu le bonheur, moi, son petit-neveu, de retrouver dans des papapiers de famille quelques-unes de ces gracieuses compositions ; je les relis souvent avec plaisir et les conserve avec respect ; et comme cette petite brochure n'est pas destinée à être livrée au public et que je n'en distribuerai que de rares exemplaires aux membres de ma famille et à quelques intimes, je ne vois pas d'inconvénient à terminer cette notice par l'insertion de cinq ou six compositions du général. En tête je place des strophes faites à l'occasion de l'attentat qui a menacé les jours du Premier Consul le 19 vendémiaire an IX, et à propos desquels je trouve l'article suivant, dans un ancien numéro du *Journal de Dijon*, du 5 brumaire an IX, que j'ai sous les yeux :

« Les bornes de ce journal ne nous permettant pas d'insérer les nom-
« breux témoignages des sentiments d'indignation et à la fois de joie
« publique manifestés dans le département de la Côte-d'Or, à l'occasion
« de l'attentat médité contre le Premier Consul et déjoué, nous nous
« bornerons à dire qu'à un dîner donné par le préfet aux généraux de
« l'armée et autres officiers de tout grade de la 52ᵉ demi-brigade, après
« de nombreux toasts portés à la santé du Premier Consul, le général
« Lucotte lut un morceau de poésie qui exprimait d'une manière si heu-
« reuse les vœux de tous les Français, qu'il se rendit à l'invitation qui
« lui fut faite de le faire lire le soir même au spectacle, par un acteur.
« Il fut couvert d'applaudissements mérités et par la nature du sujet, et
« par la manière dont il était traité. Le nom de l'auteur demandé à
« plusieurs reprises, on vint annoncer au parterre impatient celui d'un
« compatriote, le général Lucotte, également distingué dans la carrière
« militaire et dans celle de la littérature et des arts. »

FIN.

JULES **LUCOTTE**, propriétaire,

Président de la Société de Secours Mutuels,
Président de la Société philharmonique.

Avize (Marne), septembre 1866.

STROPHES

A L'OCCASION DE L'ATTENTAT QUI A MENACÉ LES JOURS DU PREMIER
CONSUL, LE 19 VENDÉMIAIRE AN IX.

Huit ans de combats meurtriers,
Dix ans de cruelle anarchie,
Avaient coûté tant de guerriers,
Tant de français à la patrie !
Les cœurs flétris par les malheurs
Perdaient l'espoir et le courage,
L'intrigue disposait du pouvoir, des honneurs,
Et dans la liberté nous trouvions l'esclavage !

Un monstre à cinq têtes régnait ;
Détruire était sa politique,
La France en vain s'en indignait,
C'était fait de la République :
De nos superbes ennemis
Les légions victorieuses
Déjà nous menaçaient ; le ciel avait permis
Que le crime trahit nos armes glorieuses.

Ah ! pour sortir de tant de maux,
Liberté, ton puissant génie
Pouvait seul nous rendre un héros
Dernier secours de la patrie !
Albion, de tes vains efforts
Et de tes flottes étonnées
Tu l'as vu triompher, arriver à nos bords
Et débarquer l'espoir sur nos tristes contrées.

O jour cent fois cher aux Français,
Jour que célèbrera l'histoire,
Tu nous as rendu nos succès,
Tu nous as rendu notre gloire !
Avec Bonaparte, les lois,
La justice sont ramenées ;
Le Vendéen soumis se désarme à sa voix,
A sa voix la victoire accourt dans nos armées.

Lorsque, par de nouveaux bienfaits,
Il veut honorer sa puissance,
Lorsqu'il va commander la paix,
On attente à son existence !.....
Celui qu'épargna le destin
Sur le Nil et dans l'Italie,
S'il eût été frappé du poignard assassin,
Grands dieux ! que de malheurs accablaient la patrie !

On redressait les échafauds,
Déjà les prisons se rouvraient ;
Bientôt, sous le fer des bourreaux,
Les meilleurs citoyens tombaient ;
Point de grâce pour les vertus !
Le règne affreux de la vengeance
Ressuscitait Murat, évoquait Marius,
Et les rois triomphants se partageaient la France.

O terre ! pourquoi sous leurs pas
N'as-tu point ouvert tes abimes ?
Épargne à Thémis leur trépas,
Peut-elle assez punir leurs crimes ?
Non, jamais de plus grands forfaits
N'ont épouvanté la justice,
Mais les monstres du moins ne sont pas des Français !
L'enfer les a vomis, Septembre est leur complice.

Minerve, de ton bouclier
Couvre le héros de la France.
Réponds aux vœux du monde entier,
Il met en lui son espérance ;
Vois tout un peuple à tes autels,
Prier pour les jours d'un bon père ;
Avant de remonter au sein des immortels
Bonaparte est chargé du bonheur de la terre.

EDME-AIMÉ LUCOTTE,
Général de brigade.

LE DÉPART

ROMANCE GUERRIÈRE (A DEUX).

I

Tu pars, et toute ma tendresse
Ne saurait plus te retenir.
Tu pars, mon ami me délaisse
Sans espoir de nous réunir ;
N'as-tu donc pas assez de gloire ?
N'as-tu pas triomphé vingt ans ?
Il n'est pour toi qu'une victoire :
Vis pour ta femme et tes enfants !

II

Bellonne aux combats nous rappèle ;
La voix de la France et du roi
Me crie : à l'Honneur sois fidèle ;
Ton coursier est prêt, arme-toi.
Ces nobles amants de la gloire,
Je les vois déjà, nos guerriers,
Prêts à voler à la victoire,
Et cueillir sans moi des lauriers.

III

Tu resterais près d'une amie ;
Tu vivrais pour notre bonheur,
Si l'on menaçait la patrie,
Pars, te dirais-je avec douleur,
On nous fait une injuste guerre,
Vas combattre les étrangers ;
Permets à celle qui t'est chère
D'aller partager tes dangers.

IV

Non, non, reste, femme chérie.
Auprès de moi, dans les combats,
Je te verrais... et la patrie
Seule n'aurait pas tout mon bras.
Prie avec nos fils et ta fille ;
Vos vœux, le Ciel les entendra,
Et plus digne de sa famille,
Bientôt ton ami reviendra.

EDME-AIMÉ LUCOTTE,
Général de brigade.

LAURE

Je me plaindrai de Laure à la nature entière ;
Je dirai : la perfide a trahi mes amours !
Ce fut elle pourtant qui jura la première
D'être à jamais fidèle et de m'aimer toujours.
Rappelle-toi ce temps, lorsque notre patrie
Demanda tous nos bras pour soutenir ses lois,
J'étais alors ton bien, tu me prêtas ma vie,
Et tu pleuras longtemps pour défendre tes droits.
Enlevé de tes bras par la plus juste guerre,
J'ai porté mes regrets sur les rives du Rhin,
Des Alpes j'ai franchi la cîme blanche, altière,
Et toute l'Ausonie a connu mon chagrin.
Combien de fois mon cœur mesura la distance
Qui pendant si longtemps nous sépara tous deux ?
Le devoir n'a jamais altéré ma constance,
Et jamais le devoir ne s'est plaint de mes feux,
Au milieu des combats, l'amour saint de la gloire
Pour mon pays, pour toi, me dirigea toujours;
Et sauvé des dangers en chantant la victoire
C'était encor pour toi que j'estimais mes jours.
Après d'heureux travaux, le repos nous rappèle,
La France embrassera ses glorieux enfants ;
Je t'y retrouverai lâchement infidèle.....
Mais le Ciel me promet de venger mes tourments.
Laure, tes faux serments m'ont rendu ta victime;
J'ai respecté l'amour, l'amour me guérira ;
Toi, tu l'as sans pudeur outragé par un crime.
Que je te plains ! un jour ce Dieu t'outragera.

Général, Cte LUCOTTE.

INVOCATION A DIANE

I

Diane, ô rivale du jour !
Mère du calme et du silence,
Toi qui sais enhardir l'amour
Sans intimider l'innocence,
Adoucis ta sombre lueur,
Repands tes pavots sur la terre ;
Celui qui dort rêve au bonheur,
Celui qui veille au moins l'espère.

II

Je viens chercher le doux repos,
Le repos des cœurs sans faiblesse,
Je viens chercher l'oubli des maux
Qui partagèrent ma jeunesse ;
Rêves heureux, folles erreurs,
Bercez-moi de vos doux mensonges,
J'ai longtemps veillé dans les pleurs,
Je n'ai plus que l'espoir des songes.

III

Diane, assoupis les oiseaux,
Retiens les feuilles qui frémissent,
Ralentis le cours des ruisseaux,
Je me trouble quand ils s'unissent.
Celui qui baigne ce séjour
Murmure avec trop de tendresse :
Il semble qu'il parle d'amour
Aux fleurs qu'en passant il caresse.

IV

Du rossignol mélodieux
J'entends la voix flexible et tendre ;
Il m'en souvient, nous étions deux,
Il se taisait pour nous entendre :
Ah ! quand il chante son bonheur,
De la plaintive tourterelle
Les accents déchirent mon cœur :
Je l'écoute et pleure avec elle.

Cte EDME-AIMÉ LUCOTTE.

L'AMOUR ET L'AMITIÉ

DIALOGUE.

I. — L'AMOUR.

Bonne Amitié, tu veux te comparer à moi ;
Tu prétends même avoir sur moi la préférence ;
Tu te flattes, ma sœur, plus humble juge-toi :
Entre nous deux, vois donc quelle est la différence :
Du plus vaillant des dieux, de la belle Vénus,
Fils chéri, tout-puissant, je suis l'âme du monde ;
Le monde sans l'Amour bientôt ne serait plus :
Par moi, tout vit au Ciel, sur la terre et dans l'onde.

II. — L'AMITIÉ.

Je suis bonne, il est vrai ; sans m'égaler à toi,
L'on m'accorde toujours sur toi la préférence ;
Tu m'appelles ta sœur ; plus orgueilleux que moi,
Tu ne vois entre nous aucune ressemblance ;
Je suis aussi partout une divinité,
Tu peux régner au Ciel, sur la terre et dans l'onde,
Donner la vie à tout ; sans la tendre Amitié,
Quel durable bonheur l'homme a-t-il en ce monde ?

III. — L'AMOUR.

Sans l'Amour, il n'est point pour l'homme de bonheur ;
Lorsqu'il est embrasé de ma divine flamme,
Les désirs, les plaisirs lui révèlent son cœur.
Seul, je sais échauffer, toi, tu refroidis l'âme.
Jeune ou vieux, riche ou pauvre, il n'est pas de mortels
Qui ne paient tribut à ma toute-puissance,
On voit même des dieux aux pieds de mes autels.
Et qui dessert les tiens ? la triste indifférence.

IV. — L'AMITIÉ.

J'en conviens ; du plaisir tu montres les attraits,
Ce plaisir est bien vif ; mais constant il est rare !
C'est à moi que l'on vient confier ses regrets,
Et le mal que tu fais, c'est moi qui le répare.
De peindre tes fureurs, je ne prends pas le soin ;
Séduire pour tromper est ton plaisir suprême.
En été, dans l'hiver, et de près et de loin,
A la vie, à la mort, je suis toujours la même.

Général, comte LUCOTTE.

LES TRAPISTES

I. — SOSTHÈNE.

Frère, il faut songer à mourir !
Que fait l'homme sur cette terre ?
Il n'y passe que pour souffrir ;
Le bonheur n'est qu'une chimère.
Hélas ! j'ai cru dans mon printemps,
Que la rose était immortelle ;
Elle fleurit, dans peu d'instants,
Dans un jour rien ne reste d'elle.

II. — MARTEL.

Frère, il faut songer à mourir !
Un guerrier n'aime plus la vie
Quand il ne peut la parcourir
En servant son roi, sa patrie.
Ma gloire, mes rangs, mes honneurs,
Je les rendis tous à la France ;
Mais chargé d'ans et de malheurs,
Mourir est ma seule espérance.

III. — SOSTHÈNE.

Frère, il faut songer à mourir !
Du Ciel invoquons la clémence ;
Vers un éternel avenir
Portons nos vœux, notre espérance.
Ce monde est un triste séjour ;
Le bonheur même est infidèle.
Je ne puis vivre sans amour,
Il faut rejoindre mon Estelle.

IV. — MARTEL.

Frère, il faut songer à mourir !
Dans une retraite profonde
Quelle vertu nous fait languir ?
Ensemble sortons de ce monde.
S'il n'est plus d'Estelle pour toi,
Pour Martel il n'est plus de gloire,
Viens : la tombe est prête, suis-moi ;
Gagnons la dernière victoire.

Général, comte LUCOTTE.